Género Texto expositivo

¿? Pregunta esencial
¿Cómo nos afecta el estado del tiempo?

I0800829

# El estado del tiempo

Deborah November

LECTURA COMPLEMENTARIA

A la gente le encanta hablar del tiempo. A veces hace calor. A veces hace frío. El estado del tiempo cambia a lo largo del año.

En algunos sitios, hace calor casi todo el tiempo.

Muchas regiones de Estados Unidos tienen cuatro estaciones.

Por lo general, hace frío en invierno. En primavera está lluvioso. Está soleado en verano. El otoño es fresco. En algunos lugares hace otros tipos de tiempo.

En el Nordeste y en el Sudeste hay huracanes. Los huracanes son tormentas peligrosas. ¿Qué hace la gente para mantenerse a salvo?

El centro del huracán se llama ojo.

Sabemos cuándo se acerca una tormenta peligrosa. Gracias a esta advertencia es posible prevenir daños.

La gente bloquea las puertas y ventanas con tablas antes de un huracán.

**Qué hacer ante una emergencia meteorológica**

1. Mantener la calma.
2. Buscar refugio.
3. Esperar el aviso de que la tormenta acabó.

**AHORA COMPRUEBA**

¿Qué debe hacer la gente si se acerca un huracán?

Las Grandes Llanuras son enormes y llanas. Las zonas llanas pueden sufrir cambios meteorológicos bruscos.

Puede haber mucho viento en las Grandes Llanuras.

El invierno trae nevascas a las Grandes Llanuras. Las nevascas son grandes tormentas de nieve.

Las nevascas duran mucho tiempo.

¿Qué debes hacer si te rodea una tormenta de nieve? Debes mantenerte a salvo. Quizás debas quedarte en casa.

| **Detective del lenguaje** | ¿Puedes usar el verbo quedar en pretérito en una oración? |
| --- | --- |

**Puedes usar una regla para medir cuánto nevó.**

Debes tener un equipo de emergencia listo en caso de tormenta. Debe incluir una radio, pilas y alimentos.

**AHORA COMPRUEBA**

¿Qué debes hacer si viene una tormenta de nieve?

Este equipo de emergencia tiene mantas y cerillas.

Un tornado es una gran
tormenta que gira en círculos.

El Medio Oeste es frío y ventoso. Puede haber tornados allí. Son peligrosos. Pueden destruir cosas.

**Quédate en un lugar seguro hasta que anuncien que el tornado ya pasó.**

Es bueno tener una radio meteorológica. Te avisará si se acerca una tormenta.

**AHORA COMPRUEBA**

¿Por qué conviene tener una radio meteorológica?

El Sudoeste es distinto. Es caluroso y seco. Gran parte de su tierra es un desierto.

| Detective del lenguaje | En la página 11, avisará está en futuro. ¿Puedes ponerlo en pretérito? |
|---|---|

El desierto es un lugar muy seco y caluroso.

A veces hay sequía. Esto significa que no llueve durante mucho tiempo.

**AHORA COMPRUEBA**

¿Cómo es el desierto?

Los animales en el desierto viven con poca agua.

Todos los climas pueden ser hermosos. Cada lugar tiene algo especial.

El clima en Hawái casi siempre es soleado.

No importa dónde vivas, disfruta del estado del tiempo en ese lugar.

# Respuesta a la lectura

## Resumir

Usa detalles para resumir *El estado del tiempo.*

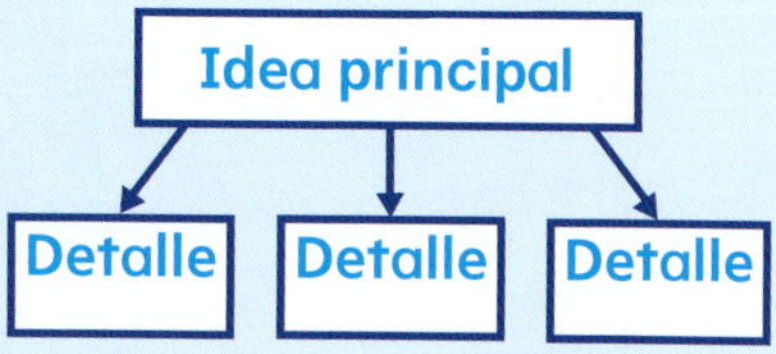


## Evidencia en el texto

1. ¿Cómo sabes que *El estado del tiempo* es expositivo? **Género**
2. Da detalles de lo que sucede en una sequía. **Idea principal y detalles**
3. ¿Cuál es el antónimo de *calor* en la página 2? **Antónimos**
4. ¿Qué debe tener un equipo de emergencia? **Escribir sobre la lectura**

Género Texto expositivo

## Compara los textos

Lee sobre los colores del cielo.

# Los colores del cielo

¿Te despiertas muy temprano a veces? El amanecer es un acontecimiento hermoso.

## El día

Si no está lluvioso, el cielo se pone azul. Puede haber nubes o puede estar despejado.

Imagina que es un día de lluvia. El cielo está gris.

¿Qué pasa si llueve? Tal vez luego veas un arcoíris.

## La noche

Cuando el sol se esconde, el cielo está oscuro y hay estrellas. ¡Es muy hermoso!

### Haz conexiones

¿Cómo nos afecta el estado del tiempo cada día? **Pregunta esencial**

¿Cómo cambia el cielo según el estado del tiempo? **El texto y otros textos**

Enfoque:

# Ciencias

**Propósito** Averiguar cómo nos afecta el estado del tiempo

## Paso a paso

**Paso 1** Habla con un compañero o una compañera sobre varios estados del tiempo.

**Paso 2** Toma un trozo de papel y divídelo en cuatro partes.

**Paso 3** Haz un dibujo en cada parte. Dibuja los estados del tiempo que nombraron.

**Conclusión** ¿Qué tipo de estado del tiempo es tu favorito?